Judas Iscariot

en

musique

Christophe STENER

Image de couverture

Figure 1 Judas, Passionsspiel de Brixlegg, 1913, Collection de l'auteur

Judas tenant la bourse des trente deniers. Carte promotionnelle de 1913 du théâtre de la Passion à Brixlegg, dans le Tyrol autrichien. T III Théâtre

Introduction

> « Le chant est un moyen d'unification, la psalmodie ramène le peuple des fidèles à l'harmonie d'un seul chœur [...] la psalmodie procure le plus grand de tous les biens : l'amour.[1] » Saint BASILE

> « La musique est un splendide don de Dieu, tout proche de la théologie. [...] Je souhaite de tout cœur que chacun prenne plaisir à entendre louer et à apprécier ce don de Dieu si merveilleux, la musique.[2] » Martin LUTHER

La musique est, de toute antiquité, un élément du culte car « depuis les débuts de l'Histoire, on fait de la théologie avec la musique[3] ». Les religions monothéistes se sont posées la question de sa place, jugée par certains excessive, dans la pratique religieuse. La religion hébraïque ne proscrit pas la musique car chant et jeu d'instruments de musique sont évoqués en plusieurs passages du Tanakh [4] [5], et même attendus pour célébrer Dieu, ainsi Moïse chanta pour célébrer la noyade des armées de Pharaon. On connait le jeu du kinnor par David pour adoucir la mélancholie de Saül.

> *Alors, avec les fils d'Israël, Moïse chanta ce cantique au SEIGNEUR. Ils dirent : « Je veux chanter le SEIGNEUR, il a fait un coup d'éclat. Cheval et cavalier, en mer il les jeta.* Ex 15,1

Des conceptions musulmanes intégristes proscrivent la musique (les talibans aujourd'hui, par exemple, par une

---

[1] BASILE S., cité par GRIESBECK
[2] LUTHER Martin, cité par GRIESBECK et LEGRAND
[3] BELLAVANCE, É. & VENKATESH, V., p.7
[4] CLÉMENT Félix, Thèse 1885, Chap. II, La musique chez les Hébreux
[5] https://bible.knowing-jesus.com/Fran%C3%A7ais/topics/Musique

interprétation stricte du verset 6 de la sourate 31 [6] comme, d'ailleurs, généralement, toute forme d'art, l'aniconisme participant de la même recherche d'une communion *nue, sans le truchement d'une émotion artistique,* avec Dieu. Cf. T. II

> « Tel homme ignorant se procure des discours futiles (lahw) pour égarer les autres hors du chemin de Dieu et prendre celui-ci en dérision. Voilà ceux qui subiront un châtiment ignominieux » Coran, Sourate 31, v.6

S'agissant de la religion juive et chrétienne, la question ne se pose donc pas, la musique est non seulement licite mais promue.

« La question fondamentale est la suivante : la musique a-t-elle une valeur religieuse intrinsèque ? C'est-à-dire, la musique est-elle un moyen qui nous permette de nous « relier » plus facilement à Dieu ? Je répondrai avec force : Oui. Il ne s'agit pas, dans nos églises ou synagogues, de « faire de la musique », mais, selon le mot de GÉLINEAU[7], « d'entrer, au moyen de l'art musical, dans le mystère du salut » [8] ».

La place de la musique dans la liturgie catholique est affirmée par le second Concile du Vatican (1962-1965) : « La tradition musicale de l'Église universelle a créé un trésor d'une valeur inestimable qui l'emporte sur les autres arts, du fait surtout que, chant sacré lié aux paroles, il fait partie nécessaire ou

---

[6] WIKIPEDIA https://fr.wikipedia.org/wiki/Musique_islamique
[7] WIKIPEDIA https://fr.wikipedia.org/wiki/Joseph_Gelineau
[8] GRIESBECK

intégrante de la liturgie solennelle » (Constitution sur la sainte Liturgie, n° 112 et suivants) [9].

La musique religieuse chrétienne glorifie la mort sacrificielle et salvifique de Jésus Christ en croix, elle honnit Judas Iscariot. Mais, si la musique religieuse n'évoque Judas que comme le traitre coupable de la Passion du Christ, la puissance symbolique de l'Iscariot, le personnage entré dans la culture, et même dans l'inconscient judéo-chrétien, il inspire, également, des chansons populaires, des chants patriotiques, des comédies musicales, de la musique moderne de tous genres, transposant la *traîtrise* (nous usons de ce mot en italiques car le terme exact devrait être *livraison* [cf. T. I et VII]) de l'infidélité de l'apôtre en infidélité amoureuse, réhabilitant le « triste Judas », exaltant le satanique Judas dans certaines compositions rock, métal ou rap. On retrouve dans la transposition musicale du récit évangélique les mêmes variations extrêmes, de la vindicte à l'adoration de Judas, du rejet de Judas à l'affirmation « Je suis Judas », comme il y a une Imitation de Jésus-Christ (XIVe siècle), il y a une « Imitation de Judas » que celles que l'on rencontre dans la littérature [cf. T. IV], une longue tradition gnostique [cf. T. I] qui ressurgit dans des musiques marketant la provocation sacrilège. Judas fait vendre… La chanson nationaliste, en particulier celle de l'Affaire Dreyfus, véhicule les clichés antisémites. [cf. Dreyfus, le Judas français].

---

[9] Eglise catholique de France https://eglise.catholique.fr/approfondir-sa-foi/la-celebration-de-la-foi/musique-et-art-sacre/ https://liturgie.catholique.fr/musique-liturgique/

Comme la sculpture romane fut une catéchèse en images pour les fidèles analphabètes, offrant des images du paradis et de l'enfer propres à illustrer, démontrer même, l'homilétique, la musique, la musique religieuse est par la vindicte de Judas, et du *peuple juif déicide* (en italiques pour souligner combien la récusation de l'accusation est le sujet même de tout notre travail sur l'iconographie antisémite de Judas) partie intégrante de l' « enseignement de la haine » selon la formule de Jules ISAAC.

« Parfois utilisée pour dire Dieu, mais aussi pour maudire Dieu, la musique oscille entre promotion et dénonciation de Dieu et de la religion en général [10] » ainsi la provocation sacrilège de la séduction d'un Judas satanique, assez primaire voire infantile, d'une certaine musique moderne, participe non tant d'un athéisme assumé que de la monétisation d'une icône judéo-chrétienne comme le fait la caricature ou le marketing cf. Marketing du péché originel dans notre ouvrage (à paraître).

> *Ergo fides ex auditu, auditus autem per verbum Christi.*
> *Ainsi la foi vient de la prédication et la prédication, c'est l'annonce de la parole du Christ* Rm 10,17

La foi vient de la prédication écrit Paul aux Romains (Rm 10,17), la musique par sa part d'irrationnel, de purement émotion, parle directement au cœur, « les signifiants sonores relèvent de la sensorialité [11] » une démonstration simple en étant

---

[10] BELLAVANCE, É. & VENKATESH, V., p.8
[11] SUTTER p.43

l'émotion ressentie par un auditeur même agnostique à l'écoute d'une musique religieuse.

Il entre dans la musique une large part d'irrationnel et cette part, associée à la haine spontanée pour Judas de la quasi-totalité des auditeurs tant Judas est un topos inconscient, le substrat de deux mille ans d'*éducation de la haine,* fait de l'exécration musicale de l'Iscariot un vecteur extrêmement puissant justifiant que nous lui ayons consacré un tome entier.

L'étude s'organise, dans un ordre chronologique, par genres de musique.

Avertissement

Divers renvois sont faits dans ce livre aux autres tomes de notre ouvrage sur *L'Iconographie antisémite de Judas Iscariot* mais de tome peut être lu séparément.

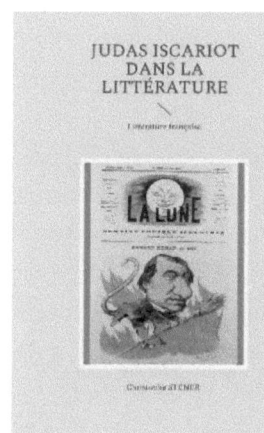

Musique classique

Immense est le répertoire de musique religieuse qui, retraçant la Passion du Christ, évoque Judas. Nous ne présenterons ici citer qu'une brève sélection d'œuvres médiévales honnissant Judas. Pour mémoire, Judas Macchabée († 160), le héros de la révolte juive contre l'empire séleucide a inspiré notamment l'oratorio Judas *Maccabæus* de Georg Friedrich HAENDEL (HWV 63) mettant en scène Judas Maccabée le héros biblique de la révolte des Israélites contre l'Empire séleucide. Les deux oratorios de Jean-Sébastien BACH, l'Évangile selon Jean et l'Évangile selon Matthieu sont également étudiés ici mais dans la seule perspective de Judas Iscariot. [12]

---

[12] Nos remerciements à Marie-Pierre WATTIEZ, chanteuse lyrique et musicologue, pour ses érudits éclairages sur SEDULIUS et *Judas mercator pessimus*. Les erreurs éventuelles restent nôtres.

SEDULIUS, Carmen paschale

Caelius SEDULIUS [13] [14] poète chrétien converti, et possible prêtre, rédige, dans la première moitié Ve siècle, des hymnes et un *Carmen pascale* Chant pascal où il apostrophe (5.59–68) vertement Judas :

Toi le sanglant, le féroce, l'impudent, le fou, le rebelle, le perfide, le cruel, le vénal, l'inique, le traître sans cœur, le traître absolu, le méchant mercenaire, es-tu le porte-étendard de ces épées brandies ? Quand tu conduis l'assaut impie qui le menace d'épées et de bâtons, presses-tu tes lèvres sur les siennes pour instiller du poison dans le miel, et livrer Notre Seigneur sous l'apparence d'un geste amical ? Comment peux-tu prétendre être son compagnon et le saluer d'une amitié factice ? Jamais la paix n'use d'épées effrayantes, jamais un loup n'a baisé un saint agneau. [15] [16]

Figure 2 Sedulius cité au-dessus de Luc, fin VIe s, St Augustine Gospels, Parker Library MS 286

---

[13] WIKIPEDIA, SEDULIUS Caelius https://en.wikipedia.org/wiki/Coelius_Sedulius
[14] SPRINGER Carl P.E., The Gospel as Epic in Late Antiquity, The Paschale carmen of Sedulius, Vigiliae Christianae, Supplements, Volume: 2, 1988
[15] SEDULIUS Caelius, Texte latin et traduction anglais sur https://www.sbl-site.org/assets/pdfs/pubs/061635P.front.pdf
[16] SEDULIUS, Society of Biblicum Studies, n° 35 https://www.sbl-site.org/assets/pdfs/pubs/061635P.front.pdf p. XXIX

SEDULIUS avait traité le même thème, mais en termes moins véhéments, dans ses Evangeliorum libri [17].

Le musée PLANTIN-MORETUS d'Anvers possède un manuscrit du *Carmen Pascale* enluminé vers 860 dans un atelier d'écriture de Liège. Il était destiné à la cathédrale Saint-Lambert locale. Christophe PLANTIN hérite du manuscrit en 1581 de l'humaniste Theodoor POELMAN qui a apporté des annotations aux textes, mais avant lui déjà des notes avaient été ajoutées en anglo-saxon et en haut allemand. [18]

Figure 3 Sedulius, Carmen paschale, 860, © Musée Plantin-Moretus

Interprétations

Dominique VELLARD (dans une forme ancienne) :
https://www.youtube.com/watch?v=CCgE4s8tsNA
Jeffrey LEWIS https://www.youtube.com/watch?v=5QFiXekoIhU

---

[17] Ibidem p.40 n. 73

[18] https://www.museumplantinmoretus.be/sites/plantinmoretus/files/banner_images/MPM_M_17-04_010V_0_0.jpg

Judas Mercator pessimus, chant grégorien

Nous ignorons l'auteur et la date de composition du chant grégorien, composé pour le Jeudi saint, *Judas mercator pessimus* (le pire des marchands / le détestable marchand). Le texte en est : « Iudas mercator pessimus osculo petiit Dominum : / ille ut agnus innocens/ non negavit Iudae osculum : / denariorum numero / Christum Iudaeis tradidit. Melius illi erat si natus non fuisset [19] » (Judas, trafiquant détestable, aborda le Seigneur d'un baiser : lui, comme un agneau innocent, ne refusa pas le baiser de Judas : pour une somme de deniers, il a livré le Christ aux Juifs. Mieux eût valu pour lui qu'il ne fût pas né).

Figure 4 Judas mercator pessimus

Texte directement inspiré traduction latine (Vulgate) par Jérôme de l'évangile de Matthieu :
1. Judas mercator pessimus osculo petiit Dominum ref. Mt 26,49
2. Denariorum numero Christum Judæis ref. Mt 26,15
3. Melius illi erat, si natus non fuisset à 3 (SSA) ref. Mt 26,24

Interprétation par les moines de Solesmes :
https://www.youtube.com/watch?v=YO6BTRV0XOM

Cette composition a inspiré divers compositeurs ultérieurs.

---

[19] https://gregorien.info/chant/id/4657/0/fr

VICTORIA, Judas mercator pessimus, 1585

Tomás Luis de VICTORIA (Thomas Ludovicus a Victoria Abulensis) (1548-1611), prêtre, musicien et compositeur espagnol est un des plus célèbres polyphonistes de la Renaissance espagnole [20].

Judas mercator pessimus (1585), est une des compositions de son *Officium Hebdomadæ Sanctæ* (No.8) [21] composé pour quatre voix dont le texte [22] est proche du chant grégorien mais différent.

Figure 5 Tomás Luis de VICTORIA

https://www.youtube.com/watch?v=a5iB4EGaLwE

VICTORIA met en scène Judas dans d'autres compositions :

4e leçon du Jeudi : "Amicus meus osculi me tradidit signo : Quem osculatus fuero, ipse est, tenete eum : hoc malum fevit

---

[20] WIKIPEDIA, Tomás Luis de Victoria
https://fr.wikipedia.org/wiki/Tom%C3%A1s_Luis_de_Victoria
[21] https://imslp.org/wiki/Officium_Hebdomad%C3%A6_Sanct%C3%A6_(Victoria,_Tom%C3%A1s_Luis_de)
[22] http://conquest.imslp.info/files/imglnks/usimg/7/74/IMSLP410330-PMLP664686-Victoria,_OHS_8,_Judas_mercator,_4vv_(1585a),_ed._Pedrell.pdf

signum, qui per osculum adimplevit homicidium. Infelix praetermisit pretium sanguinis et in fine laqueo se suspendit." (Mon ami m'a livré par le signe du baiser : Celui que je baiserai, c'est lui-même, tenez-le. Ce fut le signe coupable de celui qui par un baiser consomma l'homicide. Malheureux, il ne garda pas même le prix du sang, et à la fin il se pendit.)

https://www.youtube.com/watch?v=O54z-k1aoPM

6e leçon du Jeudi : "Unus ex discipulis mei tradet me odie : Vae illi per quem tradar ego. Mélius illi erat, si natus non fuisset." (Un de mes disciples me livrera aujourd'hui ; malheur à celui par qui je serai livré. Il aurait mieux valu pour lui n'être pas né.)

https://www.youtube.com/watch?v=ox2dZHvl-7M

8e leçon du Jeudi : "Una hora non potuistis vigilare mecum qui exhortabamini mori pro me? Vel Judam non videtis, quomodo non dormit, sed festinat tradere me Judaeis ?" (Vous n'avez pas pu veiller une heure avec moi, vous qui vous exhortiez à mourir pour moi ? Ou ne voyez-vous pas Judas, comment il ne dort pas et se hâte au contraire de me livrer aux Juifs ?)

https://www.youtube.com/watch?v=EapZKoKq6TQ

GESUALDO, Judas mercator pessimus, 1611

Figure 6 GESUALDO, Judas mercator pessimus

Composition pour six voix de GESUALDO (1566-1616) [23] des Tenebrae Responsoria (Répons des ténèbres) [24].

https://www.youtube.com/watch?v=fbJ-hFtftag

---

[23] https://ricercar.gesualdo-online.cesr.univ-tours.fr/items/show/6097
[24] https://fr.wikipedia.org/wiki/Tenebr%C3%A6_Responsoria

Johan Sebastian BACH

« Sans BACH, la théologie serait dépourvue d'objet, la Création fictive, le néant péremptoire. S'i y a quelqu'un qui dit tout à BACH, c'est bien Dieu [25]» Emil Mihai CIORAN

Figure 7 BACH J.S., Passion selon S. Jean, Ouverture, manuscrit 1730
Figure 8 BACH J.S., Passion selon S. Matthieu, Ouverture, manuscrit 1736

Les deux oratorios de Jean Sébastien BACH, ses deux Passions, composées sur des livrets reprenant l'évangile selon Matthieu (1727) et celle selon Jean (1724) [26] sont des sommets de la musique religieuse. J.S. BACH composa deux autres Passions, selon Marc et Luc, elles perdues. Les livrets de BACH associent des extraits des évangiles et des chorals luthériens dont certains de la Passion selon Matthieu sont tirés de l'adaptation par Paul GERHARD du *Salve Caput cruentarum* de St Bernard

---

[25] CIORAN Emile Mihai, cité in LEGRAND, Raphaëlle. "LA PASSION SELON SAINT MATTHIEU DE J.-S. BACH : Le Jeu de La Forme et Du Sens." *Musurgia*, vol. 4, no. 1, Editions ESKA, 1997, pp. 6–24, http://www.jstor.org/stable/40591071.
[26] WIKIPEDIA https://fr.wikipedia.org/wiki/Passion_selon_saint_Jean

[27] ou d'ARNOLPHE CORNIBOUT († 1228 [28]), Abbé de Villers-la-Ville [29]. Œuvre majeure de BACH, la Passion selon saint Matthieu, redécouverte par MENDELSOHN en 1829, est l'une des toutes premières du répertoire mondial. « Le motif ondulant des violons répété inlassablement ajoute au caractère angoissant de la musique. Ce mouvement tourbillonnant des cordes, le compositeur Olivier ALAIN le comparait à de grandes vagues : « C'est la marée des larmes du monde » [30] ».

Nous bornons notre analyse ici à la figure de Judas dans ces deux oratorios.

Passion selon S. Jean, Vendredi saint 1724, BMW 245
Judas n'a pas de partition dans cet oratorio. Lors de l'arrestation de Jésus, le récitatif reprend le texte évangélique et ne fais pas intervenir Judas.

Passion selon S. Matthieu, Vendredi saint 1727, BMW 244

Judas intervient dans plusieurs passages de l'œuvre :

Onction à Béthanie

---

[27] LUTHER Martin, cité in LEGRAND, Raphaëlle. "LA PASSION SELON SAINT MATTHIEU DE J.-S. BACH : Le Jeu de La Forme et Du Sens." *Musurgia*, vol. 4, no. 1, Editions ESKA, 1997, pp. 6–24, http://www.jstor.org/stable/40591071.
[28] MANN Théodore Augustin, Abrégé de l'histoire ecclésiastique, civile et naturelle de la ville de Bruxelles, Volume 2, 1785, p. 146
[29] https://hymnary.org/text/salve_caput_cruentatum
[30] BECKER Caroline, https://fr.aleteia.org/2016/03/11/entre-la-passion-selon-saint-matthieu-et-selon-saint-jean-de-bach-laquelle-choisirez-vous/

Conformément au texte évangélique, ce sont tous les apôtres et non le seul Judas qui se scandalise de la dépense de nard.

Judas et les Grands prêtres

Lors de la trahison, Judas a une ligne : « *Was wollt ihr mir geben? Ich will ihn euch verraten.* (Que voulez-vous me donner ? Je vous le livrerai) » [31].

Annonce par Jésus, lors de la Cène, de sa prochaine livraison

Le chœur questionne onze fois « *Herr, bin ich's ?* (Seigneur, est-ce moi ?) », onze fois [32] et non douze pour marquer le silence de Judas qui sait être celui qui Le livrera.

La bouchée :

Judas intervient ici. Évangéliste : Da antwortete Judas, der ihn verriet, und sprach (Alors Judas, qui l'avait livré, répondit et dit) / **Judas : Bin ich's, Rabbi ? (Est-ce moi, Rabbi ?)** / Évangéliste : Er sprach zu ihm (Il lui dit) / Jésus : Du sagest's. (Tu l'as dit) ». Ce sont les chœurs qui racontent l'arrestation appelant le ciel à engloutir le traître : « Sind Blitze, sind Donner in Wolken verschwunden? (Les éclairs et le tonnerre ont-ils disparu dans les nuages ?) Eröffne den feurigen Abgrund, o Hölle, (Ouvre ton abîme ardent, ô enfer), Zertrümmre, verderbe, verschlinge, zerschelle (Écrase, détruis, engloutis, mets en pièces), Mit plötzlicher Wut (Avec une furie soudaine), Den falschen Verräter, das mördrische Blut ! (Le faux traître, le sang meurtrier) »

Remord de Judas et restitution des deniers :

Texte directement repris de l'évangile.

Évangéliste : Da das sahe Judas, der ihn verraten hatte,(Quand Judas, qui l'avait livré, vit cela), dass er verdammt war zum Tode, (et qu'il était condamné à mort), gereuete es ihn und brachte herwieder (il fut pris de remords et rapporta) die dreißig Silberlinge den Hohenpriestern und Ältesten und sprach: (les trente pièces d'argent aux grands prêtres et aux anciens et dit) **Judas : Ich habe übel getan, dass ich unschuldig Blut verraten habe. (J'ai mal agi, en livrant un sang innocent).** Évangéliste : Sie sprachen: Ils dirent : Chœurs : Was gehet uns das an? Da siehe du zu! (En quoi cela nous

---

[31] BACH J.S., Passion selon S. Matthieu, Livret https://www.bach-cantatas.com/Texts/BWV244-Fre6.htm
[32] ABROMONT Claude, https://www.francemusique.fr/emissions/les-enquetes-musicales-de-claude-abromont/jean-sebastien-bach-et-sa-passion-selon-saint-matthieu-episode-4-faire-chanter-la-foule-36061

concerne-t-il ? Vois cela toi-même !) Évangéliste (T), Grands prêtres (B.I B.II) Évangéliste : Und er warf die Silberlinge in den Tempel, (Et il jeta les pièces d'argent dans le Temple), hub sich davon, ging hin und erhängete sich selbst (se retira, s'en alla et se pendit).

L'achat du champ du potier :

Un air de basse, la même tonalité que Judas, réclame la libération de Jésus. L'absence d'indication de BACH laisse indécise l'interprétation de cette lamentation, non comme celle de Judas ou du Chrétien témoin de la scène, « l'expression du fidèle qui s'identifie au pécheur [33] ».

« Aber die Hohenpriester nahmen die Silberlinge und sprachen: (Mais les grands prêtres prirent les pièces d'argent et dirent) Grands prêtres Es taugt nicht, dass wir sie in den Gotteskasten legen, denn es ist Blutgeld. (Il n'est pas bien de mettre l'argent dans le trésor de Dieu car c'est le prix du sang.) **Air (basse) Gebt mir meinen Jesum wieder! (Rendez-moi mon Jésus !) Seht, das Geld, den Mörderlohn, (Regardez, l'argent, la récompense du meurtre, Wirft euch der verlorne Sohn) (Est jeté par le fils perdu) Zu den Füßen nieder! (par terre à vos pieds !)** Évangéliste Sie hielten aber einen Rat (Mais ils tinrent un conseil) und kauften einen Töpfersacker (et achetèrent le champ du potier) darum zum Begräbnis der Pilger. (pour enterrer les pélerins.) Daher ist derselbige Acker (Pour cette raison le même champ) genennet der Blutacker bis auf den heutigen Tag. (est appelé le champ du sang jusqu'à maintenant Da ist erfüllet, das gesagt ist (Ainsi est accompli ce qui a été dit) durch den Propheten Jeremias, da er spricht: (par le prophète Jérémie quand il dit) «Sie haben genommen dreißig Silberlinge, («Ils ont pris les trente pièces d'argent), damit bezahlet ward der Verkaufte, (avec lesquelles ils avaient payé le prix) welchen sie kauften von den Kindern Israel, und (de celui qu'ils achetèrent aux enfants d'Israël) haben sie gegeben um einen Töpfersacker, (et ils les donnèrent pour le champ du potier) als mir der Herr befohlen hat.» (ainsi que le Seigneur l'a ordonné»). »

---

[33] LUTHER Martin, cité in LEGRAND, Raphaëlle. "LA PASSION SELON SAINT MATTHIEU DE J.-S. BACH : Le Jeu de La Forme et Du Sens." *Musurgia*, vol. 4, no. 1, Editions ESKA, 1997, pp. 6–24, http://www.jstor.org/stable/40591071. P.12

Que son sang soit sur nos têtes (Mat 27,25)

BACH reprend littéralement le verset de Matthieu 27,25, qualifié de « satanique » par le père Jean CARDONNEL cf. T. III

« Le chœur qui chante cette abominable phrase dure chez Bach une quarantaine de secondes. C'est long pour seulement huit mots. Mais, en raison d'une très complexe écriture polyphonique, le texte chanté demeure absolument incompréhensible. Or, Bach sait bien rendre un texte intelligible lorsqu'il le souhaite. C'est pourquoi, il a probablement voulu traduire une foule égarée, manipulée par les puissants, une foule qui ne comprend ni le sens ni la portée de ce qu'elle dit. Musicalement, il ne reprend pas cette phrase à son compte [34] ». [35]

La Passion selon saint Matthieu sert, notamment, de fond sonore au film éponyme de PASOLINI cf. t. IV v.2 p. 534-564.

Figure 9 PASOLINI, Il vangelo secundo Matteo, 1964, Judas

https://www.youtube.com/watch?v=NCbnwk6TLu0

---

[34] ABROMONT Claude, https://www.francemusique.fr/emissions/les-enquetes-musicales-de-claude-abromont/jean-sebastien-bach-et-sa-passion-selon-saint-matthieu-episode-4-faire-chanter-la-foule-36061
[35] 1:51 de l'enregistrement par la Collègiale de Gent
https://www.youtube.com/watch?v=KV2w93bvGwE&t=18s

Frantisek Xaver BRIXI, Judas Iscarioth, c. 1770

Par František Xaver BRIXI (ou Franz BRIXI dans la version germanisée), compositeur bohémien (1732-1771), un oratorio titré *Judas Iscarioth* pour le Vendredi saint. Sur un livret en latin d'un auteur inconnu, trois figures, la Justice (basse), la Mort (alto) et l'Espoir (soprano) interpellent le personnage central Judas (tenor) [36], un livret très probablement inspiré de la Hořické pašijové hry [37] (la Passionspiele d'Höritz) faisant intervenir des caractères comme Désespérance. Cf. t. III

https://www.youtube.com/watch?v=_Brz5znIR6A

Figure 10 Passion d'Höritz, 1912

Figure 11 BRIXI, Judas Iscarioth, Bonton Music a.s., 1996

---

[36] https://www.supraphon.com/album/213-brixi-judas-iscariothes-oratorio
[37] https://www.youtube.com/watch?v=kHWWLw_jdow

Vahram SARKISSIAN, Mercator pessimus, 2017

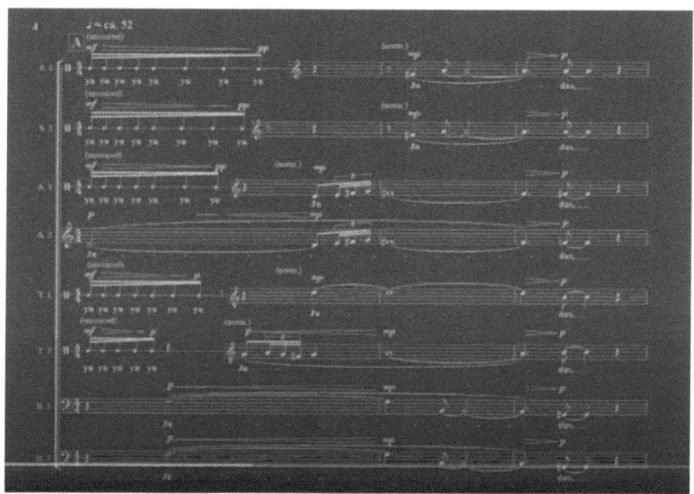

Figure 12 Vahram SARKISSIAN, Mercator pessimus, partition

Vahram SARGSYAN / SARKISSIN / SARGISSIAN (1981 -), compositeur et chef de chœur et d'orchestre canadien et arménien [38], a composé un *Judas, mercator pessimus* pour huit voix, chanté a capella.

https://www.youtube.com/watch?v=XAD1u-rH2Zk

---

[38] WIKIPEDIA https://en.wikipedia.org/wiki/Vahram_Sargsyan

Chant patriotique

Théodore BOTREL

...Et c'est Toi, Patrie adorable,
Que d'aucuns voudraient déserter,
C'est ton Drapeau qu'un misérable
Sur le fumier voudrait planter !
De peur que ces Iscariotes
Ne la vendent à l'Étranger,
Cœur contre cœur, fils patriotes,
Entourons la Mère en danger !
Refrain.

Figure 13 Théodore BOTREL, La terre nationale

La terre nationale : réponse à L'internationale : dédiée à tous les patriotes français, poésie & musique de Théodore BOTREL, illustration de LUCIEN EMERY s'insurge contre ces « Iscariotes » qui veulent vendre « la Patrie adorable » à « l'Etranger » et « planter son Drapeau sur le fumier ». Théodore BOTREL (1868-1926) compositeur breton auteur de « La Pampolaise » et de « Kenavo » était antidreyfusard d'où l'allusion à *Dreyfus, le Judas français cf. mes ouvrages sous ce titre*

Figure 14 Théodore Botrel, La terre nationale, Illustration de Lucien Emery, 1909, Gallica https://gallica.bnf.fr/ark:/12148/btv1b550016812

Charles AUBERT

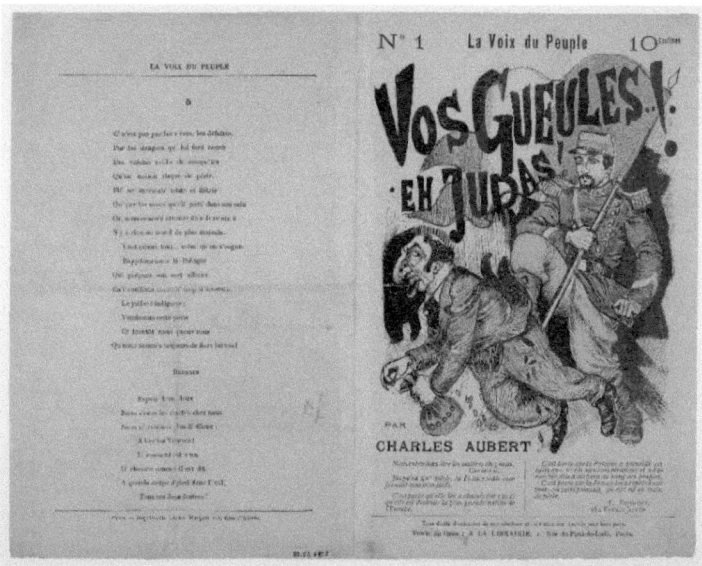

Figure 15 Charles Aubert, Vos gueules eh Judas ! Musée de Bretagne

« Vos gueules eh Judas ! » paroles de Charles AUBERT circa 1900, dessin anonyme montrant un Juif perdant les pièces de sa bourse, celle de Judas, sous le coup de pied d'un pioupiou. Citation d'Edouard DRUMONT. ^{cf.} **DREYFUS, le Judas français**

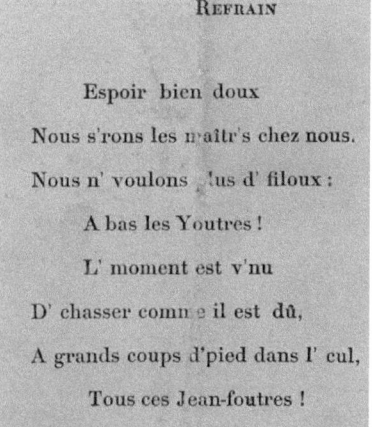

Comédies musicales

Jesus Christ Superstar, 1971

Jeff FENHOLT (†1971) créa le rôle de Jésus à Broadway en 1971. « Ce chanteur à l'aura mystérieuse, guidé par une authentique foi chrétienne, devint au cours de sa vie un fervent évangéliste. Sa collaboration, réelle ou supposée, au groupe de heavy metal *Black Sabbath* a fait l'objet d'une controverse aux États-Unis. » [39]

Figure 16 Jesus Christ Superstar, Jeff FENHOLT

Bande son complète (1970) :

https://www.youtube.com/watch?v=yZD9b-NRfN8

---

[39] LE FIGARO https://www.lefigaro.fr/theatre/le-chanteur-jeff-fenholt-vedette-du-mythique-opera-rock-jesus-christ-superstar-est-mort-20190912

Opéra-rock d'Andrew LLOYD pour la musique et Tim RICE pour les paroles retraçant les derniers jours de Jésus de Nazareth. Album concept publié en 1970 porté à la scène à Broadway en 1971, film de 1973 réalisé par Norman JEWISON avec dans les rôles titre de Judas un chanteur noir Carl ANDERSON, Ted NEELEY est Jésus, Yvonne ELLIMAN Maria Madeleine.

Judas ouvre l'opéra, après une introduction écrite par André PREVIN https://www.youtube.com/watch?v=zmy1CNTTFEA par une chanson *Heaven in their minds* (*Ils ont le Paradis/Ciel dans la tête*). Judas y appelle Jésus à renoncer à sa mission et à redevenir un charpentier anonyme à Nazareth car tout cela tournera mal. Paroles : https://genius.com/Carl-anderson-heaven-on-their-minds-lyrics

Analyse détaillée du film [T. IV].

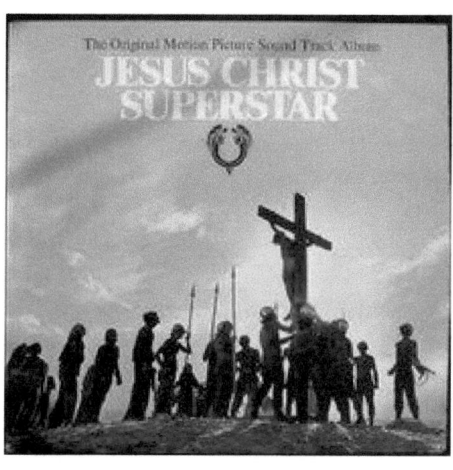

Figure 17 Jésus Christ Superstar, 1971

Figure 18 Jesus Christ Superstar, The Concert, 2020

Tyrone HUNTLEY en Judas, Pepe NUFRIO en Jesus in Jesus Christ Superstar The Concert Mark Senior en 2020.

Une adaptation française fut produite dès 1972 avec Eddy MITCHELL dans le rôle de Judas.

https://www.youtube.com/watch?v=t2yNCPx1N-U

Le spectacle musical continue à être représenté depuis plus de 50 ans.

Site officiel :

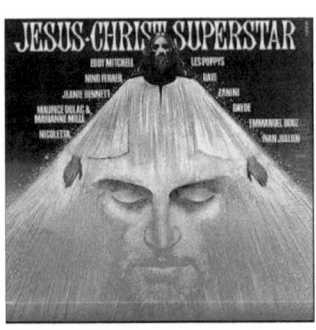

Figure 19 Jésus-Christ Superstar, 1972

https://www.jesuschristsuperstar.com/

Jésus, de Nazareth à Jérusalem, 2017

Fresque musicale Jésus, spectacle de Pascal OBISPO, mis en scène par Christophe BARRATIER créée en 2017.
http://www.jesus-lespectacle.com/
Clip :

Figure 20 Jésus, de Nazareth à Jérusalem, 2017

https://www.youtube.com/watch?v=0O1OxVIHALk

!Hero: The Rock Opera, 2004

Musique de Eddie DeGARMO et Bob FARRELL Livret basé sur les Évangiles. !HERO est un opéra rock modernisant les deux dernières années de la vie de Jésus, telles que racontées dans la Bible.

L'histoire se déroule à New York, à Brooklyn. Le

gouvernement mondial de cette Terre dystopique proche du futur est centré sous la Confédération internationale des nations (I.C.O.N.). Sous la main de fer de l'I.C.O.N., presque toutes les religions du monde ont été anéanties, à l'exception des petites sectes occultes et mystiques. Il n'existe qu'une seule synagogue à Brooklyn. Actuellement, la ville de New York est une zone de guerre occupée par la police entre des gangs ethniques et de petits groupes révolutionnaires isolés combattant I.C.O.N. De toutes les religions du monde antique, seul le judaïsme survit et prospère, au moins autant qu'il le peut. [40]»

Figure 21 !HERO, Album, 2003

Spectacle complet on
https://www.youtube.com/watch?v=P2KNWCr-eMY

Electronique

Tore Gjedrem, Sex Judas Sex Judas Go Down Judas, 2019

« Le punk, le skate et le metal mènent à tout, y compris à la plus débridée des musiques électroniques … Derrière la gaudriole, un vrai talent. » [41]

Figure 22 Tore Gedrem, Sex Judas, 2019

https://www.youtube.com/watch?v=8QAtsHvVo7I

---

[40] WIKIPEDIA https://en.wikipedia.org/wiki/!Hero
https://en.wikipedia.org/wiki/!Hero_(album)
[41] LIBERATION https://next.liberation.fr/musique/2018/05/25/sex-judas-bons-baisers-d-oslo_1654196

Metal

Introduction

La musique Heavy metal, est « un genre musical reconnu pour son aversion envers Dieu et la religion en général […] en plus de maudire Dieu, le black métal tourne le dos à Dieu. Et le rejette complètement. [42] ». Certains groupes ont favorisé le développement d' « une sous-culture qui a parfois débouché sur de réels actes de violence [43] ». Le style heavy metal n'est pas réservé à la chanson irréligieuse, il existe un heavy metal chrétien, illustré notamment par Cesare BONIZZI moine capucin et chanteur du groupe de heavy metal Fratello Metallo (« Frère Métal ») qui qualifie de metrock le genre associant metal et christianisme [44].

---

[42] SCOTT Niall Scott, Black Metal's Apophatic Curse, in BELLAVANCE Éric et VENKATESH Vivek
[43] BELLAVANCE Éric et VENKATESH Vivek p.12
[44] https://fr.wikipedia.org/wiki/Cesare_Bonizzi

Metal chrétien

Fratello Metallo

Fratello Metallo (*Frère Metal*) est un groupe de metal chrétien créé (2002-2009) et animé par Frate Cesare, Cesare BONIZZI (1946 -) [45], moine capucin et chanteur qui qualifie de *metrock* le genre associant metal et christianisme dans lequel il aborde

---
[45] https://fr.wikipedia.org/wiki/Cesare_Bonizzi

le sexe, l'alcool, la drogue, expliquant avoir été séduit par l'énergie du metal, ajoutant l'index levé de la foi chrétienne aux deux doigts levés par les groupes sataniques. Le Frère Cesare a cessé de chanter en 2009 et s'est fait couper les cheveux car, explique-t-il https://www.youtube.com/watch?v=ZbiItSiC4fo cette expérience musicale avait fait de lui une star, statut que le diable (diabolus, en latin, celui qui divise) avait employé pour le séparer de son groupe musical et des autres Capucins. Un bel exemple d'humilité marqué par un morceau final intitulé *V'affanate* (anxiété, affanate signifiant hors d'haleine) de l'album *Puntine d'acciaio* (steel thumbtacks, pointes d'acier) chanson dénonçant la course après le temps du monde moderne.

Dio
https://www.youtube.com/watch?v=xgf6XBMCf_g
V'affanate   Clip
https://www.youtube.com/watch?v=Gn7FgHfaQXY

Horde, 1994-2012

Groupe metal australien actif de 1994 sous le nom Beheadoth jusqu'en 2012 [46]

https://www.youtube.com/watch?v=zfxiY7JLwhQ

---

[46] https://www.metal-archives.com/bands/horde/3387

Lordi, Hallelujah, 2006

Le groupe de metal finlandais Lordi gagna l'Eurovision 2006 avec sa chanson Hallelujah :

Hard rock hallelujah
The saints are crippled on this sinner's night
Lost are the lambs with no guiding light
The walls come down like thunder, the rock's about to roll
It's the arockalypse, now bare your soul
(Hard rock hallelujah
Les saints sont paralysés cette nuit de pécheur
Perdus sont les agneaux sans lumière directrice
Les murs tombent comme le tonnerre, le rocher est sur le point de rouler
C'est l'arockalypse, maintenant mets ton âme à nu)

https://www.youtube.com/watch?v=gAh9NRGNhUU&t=63s

Messes metal

A Turku, en Finlande, « pour le prêtre Haka KEKÄLÄINEN, dont les groupes de musique préférés sont Deep Purple et Metallica, il existe une relation spéciale entre le metal et les chants religieux. Brandissant son livret de messe, il sourit : « Vous savez, là-dedans, il y a des mots très lourds, et parfois très cruels ! Cela correspond bien à la musique metal [47] ».

---

[47] https://www.nouvelobs.com/rue89/rue89-musiques-extremes/20130303.RUE4628/finlande-la-messe-en-metal-plutot-qu-avec-des-chants-gregoriens.html

Video https://video-streaming.orange.fr/actu-politique/ce-pasteur-finlandais-fait-la-messe-avec-un-groupe-de-metal-CNT000001enFBs.html

Le pasteur **Haka Kekäläinen** a produit un album Metallimessu

Metal satanique

Judas Priest, 1969

Groupe britannique de heavy metal formé en 1969.
http://www.judaspriest.com/ [48]

Pain killer

Figure 23 Judas Priest, Metal Gods

https://www.youtube.com/watch?v=nM__lPTWThU
Thy Dying Light
https://www.youtube.com/watch?v=z9H4ejMgvFo

Helloween, Judas, 1986

Judas par le groupe de power metal allemand [49] [50].

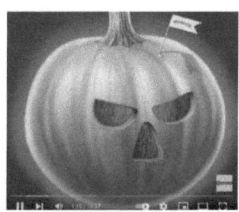

https://www.youtube.com/watch?v=bH8fWOV0S8s

---

[48] https://fr.wikipedia.org/wiki/Judas_Priest
[49] https://fr.wikipedia.org/wiki/Helloween
[50] https://www.helloween.org/music

Iron Maiden, Judas Be My Guide, 1992

La chanson « Judas Be My Guide » (1992) figure dans l'album *Fear Of The Dark* (1992) [51] du groupe de heavy metal britannique Iron Maiden [52] "Judas my guide, whispers in the night, my guide …" avec un contenu assez politique sur l'absence de sens.

https://www.youtube.com/watch?v=IflrWUzWBkU

---

[51] https://en.wikipedia.org/wiki/Fear_of_the_Dark_(Iron_Maiden_album)
[52] https://fr.wikipedia.org/wiki/Iron_Maiden

Depeche Mode, Judas, 1993

Chanson de l'album *Songs of Faith and Devotion* [53]du groupe de new wawe et rock alternatif britannique [54] "Walk On Bare Foot For Me, Suffer Some Misery, If You Want My Love…"

https://www.youtube.com/watch?v=vkROOAt11Oo

---

[53] https://fr.wikipedia.org/wiki/Songs_of_Faith_and_Devotion
[54] https://fr.wikipedia.org/wiki/Depeche_Mode

Osculum infame, 1997

Groupe français de black metal dont le nom *Osculum infame* [55] nom de la sorcière baisant le postérieur du diable [56].

Figure 24 Osculum Infame, album Dor-nu-Fauglith,1997

https://www.youtube.com/watch?v=iNGlldoK9YI

Judas Iscariot, 1999

Groupe de metal extrême américain, originaire de DeKalb, dans l'Illinois formé en 1992 par Akhenaten, dissous en 2002. [57]

L'album *Heaven in flames* de 1999 contient un morceau titré Judas.

Figure 25 Judas Iscariot, Heaven in flames, 1999

---

[55] https://www.spirit-of-metal.com/fr/album/Dor-Nu-Fauglith/2383
[56] https://en.wikipedia.org/wiki/Osculum_infame
[57] WIKIPEDIA, Judas Iscariot https://fr.wikipedia.org/wiki/Judas_Iscariot

Scariot, Tongueless God, 2001

Par le groupe norvégien l'album Scarioth [58]

"Hold Your Tongue Before These Strange Deities ".

Figure 26 Tongueless Gof, Scariot

https://www.youtube.com/watch?v=2yenGTUEuLY

Metallica, Judas kiss, 2008

Par le groupe de heavy metal américain Metallica, formé à Los Angeles en 1981 [59], Judas Kiss [60] morceau de l'album *Death magic* (2018).

https://www.youtube.com/watch?v=HC0bRfchJI8

---

[58] METAL ARCHIVES https://www.metal-archives.com/albums/Scariot/Tongueless_God/18276
[59] https://fr.wikipedia.org/wiki/Metallica
[60] https://en.wikipedia.org/wiki/The_Judas_Kiss_(song)

Kee MARCELLO, Judas Kiss, 2013

Par Kee MARCELLO (de son vrai nom Kjell Hilding LÖVBOM), musicien suédois né en 1960, ancien guitariste du groupe Europe qui poursuit aujourd'hui une carrière solo [61], l'album *Judas Kiss* [62].

Fozzi, Judas, 2017

Groupe américain de heavy metal formé à Atlanta en 1999 par Chris JERICHO, chanteur, et Rich WARD, guitariste [63] Vidéo de *Judas* (2017) :
https://www.youtube.com/watch?v=lqURPBtGJzg
https://www.youtube.com/watch?v=0eso6-FD-is

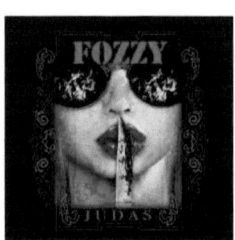

Figure 27 Fozzi, Judas, 2017

JC & the Judas, 2019

« Groupe rock-folk mutant, flirtant parfois avec la pop, emmené par JC HORGUE, chanteur-percussionniste, ce dernier, tout au long de ses pérégrinations musicales, a su fédérer autour de lui un collectif de musiciens prêts à

---

[61] https://fr.wikipedia.org/wiki/Kee_Marcello
[62] https://en.wikipedia.org/wiki/Judas_Kiss_(album)

[63] WIKIPEDIA, Fozzi https://en.wikipedia.org/wiki/Fozzy

s'impliquer et à fusionner avec l'état d'esprit Judas. » [64] JC du prénom de son leader ou Jésus-Christ ?

Figure 28 JC & the Judas

---

[64] https://weclap.fr/fr/event/14183/jc-et-the-judas-plus-sweet-scarlett

Pop

Bob DYLAN

Bob DYLAN métaphorise Judas dans sa chanson antimilitariste *With God on their Side* (1963) et parle de la trahison d'un ami dans *The Ballad of Frankie Lee and Judas Priest* (1967).

With God on their Side, 1963

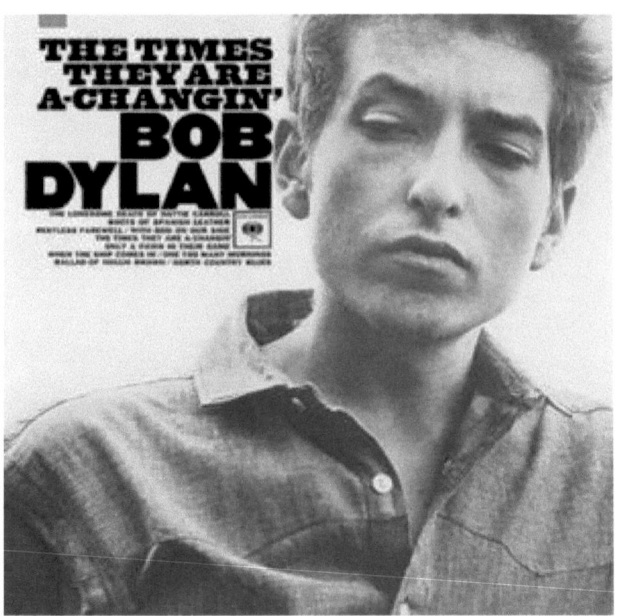

Figure 29 Bob DYLAN, God on their side, Album The Times they are a-changin', 1964

Dans cette chanson antimilitariste, créée en 1973 au Town Hall de New-York [65] et reprise dans l'album *The Times they are a-changin' (1964)* [66] Bob DYLAN interpelle tous les crimes commis au nom de Dieu : les massacres d'Indiens d'Amérique, les guerres mondiales, la Shoah « avec Dieu de son côté » pour interroger de quel côté était Dieu lors du baiser de Judas, demandant : « You'll have to decide / whether Judas Iscariot / Had God on his side » (C'est à vous de décider si Judas Iscariot avait Dieu de son côté [quand il a trahi Jésus par un baiser]) .

Oh my name it ain't nothin'
My age it means less
The country I come from
Is called the Midwest
I was taught and brought up there
The laws to abide
And that land that I live in
Has God on its side
Oh, the history books tell it
They tell it so well
The cavalries charged
The Indians fell
The cavalries charged
The Indians died
Oh, the country was young
With God on its side
The Spanish-American
War had its day
And the Civil War, too
Was soon laid away

And the names of the heroes
I was made to memorize
With guns in their hands
And God on their side
The First World War, boys
It came and it went
The reason for fighting
I never did get
But I learned to accept it
Accept it with pride
For you don't count the dead
When God's on your side
The Second World War
Came to an end
We forgave the Germans
And then we were friends
Though they murdered six million
In the ovens they fried
The Germans now, too
Have God on their side

---
[65] https://www.bobdylan-comewritersandcritics.com/pages/programmes/dylan-town-hall-new-york-city-12-april-1963.htm
[66] https://en.wikipedia.org/wiki/With_God_on_Our_Side_(song)

I've learned to hate the Russians
All through my whole life
If another war comes
It's them we must fight
To hate them and fear them
To run and to hide
And accept it all bravely
With God on my side
But now we got weapons
Of chemical dust
If fire them, we're forced to
Then fire, them we must
One push of the button
And a shot the world wide
And you never ask questions
When God's on your side

Through many a dark hour
I've been thinkin' about this
That Jesus Christ was
Betrayed by a kiss
But I can't think for you
You'll have to decide
Whether Judas Iscariot
Had God on his side.
So now as I'm leavin'
I'm weary as Hell
The confusion I'm feelin'
Ain't no tongue can tell
The words fill my head
And fall to the floor
That if God's on our side
He'll stop the next war

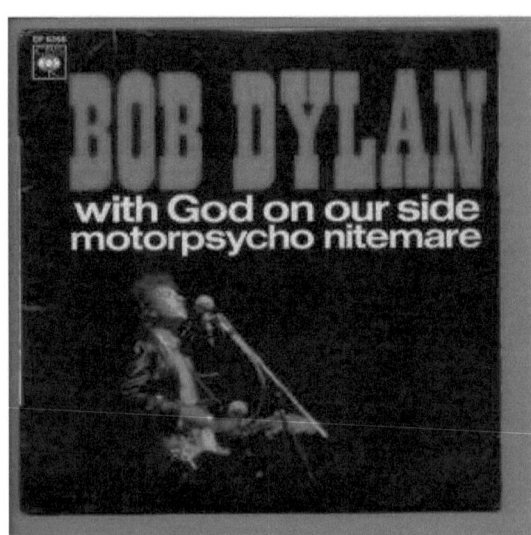

La chanson a été également éditée en 45 tours (1966).

Bob DYLAN n'a chanté en public *With God on their side* que 29 fois de 1963 à 1995 [67].

Live at Town Hall 1963
https://www.youtube.com/watch?v=BfHLYIms97A
Live BBC (version coupée) 1964
https://www.youtube.com/watch?v=rMifwzfwyFA
Album *The Times they are a-changin'*
https://www.youtube.com/watch?v=5y2FuDY6Q4M
Live New York 1988 qui contient un couplet supplémentaire sur la guerre du Vietnam
https://www.youtube.com/watch?v=dp81YOrHuo0

Figure 30 Bob DYLAN, Affiche du concert de 1963

---

[67] https://www.youtube.com/watch?v=dp81YOrHuo0

The Ballad of Frankie Lee and Judas Priest, 1967

Pièce centrale de l'album, *John Wesley Harding*, cette balade énigmatique, d'inspiration religieuse, une forme de parabole conte le sort malheureux de Frankie Lee, un joueur, que son amis Judas Priest laisse mourir de soif, chanson largement autobiographique [68]. La morale appelle à la fraternité et à ne pas se leurrer sur le Paradis.   Une chanson interprétée seulement 30 fois par DYLAN. [69] [70] [71]

---

[68] http://www.bobdylancommentaries.com/in-progress/the-ballad-of-frankie-lee-and-judas-priest/
[69] https://en.wikipedia.org/wiki/The_Ballad_of_Frankie_Lee_and_Judas_Priest
[70] https://americansongwriter.com/the-ballad-of-frankie-lee-and-judas-priest-by-bob-dylan/
[71] http://www.bobdylan.com/songs/ballad-frankie-lee-and-judas-priest/

Figure 31 DYLAN, John Wesley Harding, album, 1967

Judas Priest"
Well, Frankie Lee and Judas Priest
They were the best of friends
So when Frankie Lee needed money one day
Judas quickly pulled out a roll of tens
And placed them on a footstool
Just above the plotted plain
Sayin', "Take your pick, Frankie Boy
My loss will be your gain"
Well, Frankie Lee, he sat right down
And put his fingers to his chin
But with the cold eyes of Judas on him
His head began to spin
"Would ya please not stare at me like that," he said
"It's just my foolish pride
But sometimes a man must be alone
And this is no place to hide"
Well, Judas, he just winked and said
"All right, I'll leave you here
But you'd better hurry up and choose which of those bills you want
Before they all disappear"
"I'm gonna start my pickin' right

"The Ballad Of Frankie Lee And now
Just tell me where you'll be"
Judas pointed down the road
And said, "Eternity!"
"Eternity?" said Frankie Lee
With a voice as cold as ice
"That's right," said Judas Priest,
"Eternity
Though you might call it 'Paradise'"
"I don't call it anything"
Said Frankie Lee with a smile
"All right," said Judas Priest
"I'll see you after a while"
Well, Frankie Lee, he sat back down
Feelin' low and mean
When just then a passing stranger
Burst upon the scene
Saying, "Are you Frankie Lee, the gambler
Whose father is deceased?
Well, if you are, there's a fellow callin' you down the road
And they say his name is Priest"
Said Frankie Lee in fright
"I do recall him very well
In fact, he just left my sight"
"Yes, that's the one," said the stranger
As quiet as a mouse
"Well, my message is, he's down the road
Stranded in a house"

Well, Frankie Lee, he panicked
He dropped ev'rything and ran
Until he came up to the spot
Where Judas Priest did stand
"What kind of house is this," he said
"Where I have come to roam?"
"It's not a house," said Judas Priest
"It's not a house . . . it's a home"
Well, Frankie Lee, he trembled
He soon lost all control
Over ev'rything which he had made
While the mission bells did toll
He just stood there staring
At that big house as bright as any sun
With four and twenty windows
And a woman's face in ev'ry one
Well, up the stairs ran Frankie Lee
With a soulful, bounding leap
And, foaming at the mouth
He began to make his midnight creep

For sixteen nights and days he raved
But on the seventeenth he burst
Into the arms of Judas Priest
Which is where he died of thirst
No one tried to say a thing
When they took him out in jest
Except, of course, the little neighbor boy
Who carried him to rest
And he just walked along, alone
With his guilt so well concealed
And muttered underneath his breath
"Nothing is revealed"
Well, the moral of the story
The moral of this song
Is simply that one should never be
Where one does not belong
So when you see your neighbor carryin' somethin'
Help him with his load
And don't go mistaking Paradise
For that home across the road
– Written by Bob Dylan

Figure 32 DYLAN, John Wesley Harding, album

Clip vidéo
https://www.youtube.com/watch?v=2Svltq6LxoI
https://www.youtube.com/watch?v=MjOAi7F36vU
Paroles https://www.sheetmusicdirect.com/fr-FR/se/ID_No/101188/Product.aspx

Constance VERLUCA, Judas, 2007

Figure 33 Constance VERLUCA, Judas, 2007

Chanson de l'album *Adieu Pony* de Constance VERLUCA (1975-) [72] artiste folk [73] : « Ne pars pas, triste Judas, il te pardonne déjà ton papa, Te pends pas, On s'est servi de toi ... ».

https://www.youtube.com/watch?v=-Lds4fTNe-8

---

[72] https://fr.wikipedia.org/wiki/Constance_Verluca
[73] https://www.lemonde.fr/culture/article/2007/06/25/constance-verluca_927742_3246.html

Lady Gaga, Judas, 2011

Figure 34 Lady Gaga, Judas, 2011

Figure 35 Lady Gaga, Judas, 2011

Chanson de l'album *Born this Way* de 2011, Couverture éditée sous Word, lancé pendant la Semaine sainte, le nouveau morceau volontairement provocateur choqua la ligue catholique américaine. « Il faut explorer le mauvais chez nous pour apprendre à se pardonner soi-même, et ainsi, progresser » déclare l'auteur-compositeur. Le vidéo-clip met en scène une 'Passion' où Gaga/Marie-Madeleine hésite entre les séductions de deux *bikers* Jésus et Judas. https://www.youtube.com/watch?v=wagn8Wrmzuc [74] qui compte 395 millions de vues au 1/11/2021

Paroles : Ohohohoh, I'm in love with Judas ... I'm just a Holy Fool, oh baby he's so cruel / But I'm still in love with Judas, baby / I'm just a Holy Fool, oh baby he's so cruel / But I'm still in love with Judas, baby

Mash up : Lady Gaga + Judas Priest
https://www.youtube.com/watch?v=Q-ZIRl1_4Ws

---

[74] WIKIPEDIA, Judas https://fr.wikipedia.org/wiki/Judas_(chanson)

Bad Gyak & Khea, Judas, 2021

Figure 36 Bad Gyak & Khea, Judas, 2021

La catalane Alba FARELO (1997-) de son nom de scène Bad Gyak [75] tente de rivaliser avec Lady Gaga par son clip Khea Judas en association avec Ivo Alfredo Thomas SERUE (2000 -) alias Khea [76] (plus de 3 millions de vue au 1/11/2021), du genre musical *trap* [77], chanson de l'album *Warm up*. Conversation érotique et désamours téléphoniques [78].

Clip : https://www.youtube.com/watch?v=3cFw2KMPD30
Texte : https://www.youtube.com/watch?v=XX_mnjNPnok

---

[75] https://en.wikipedia.org/wiki/Bad_Gyal
[76] https://en.wikipedia.org/wiki/Khea
[77] https://en.wikipedia.org/wiki/Trap_music
[78] https://genius.com/Bad-gyal-and-khea-judas-lyrics

Punk

Guerilla Poubelle, Mon rat s'appelle Judas, 2003

Mon rat s'appelle Judas (2003), de la toute première démo en quatre titres, intitulée *Dégoût et des Couleurs* du groupe De Guerilla Poubelle (GxP), groupe de punk rock français [79] est une chanson athée et politique sur l'appel à l'abstention : « *Voter pour dieu, compte pas sur moi. Pour la confiance j'préfere un rat. D'ailleur le mien s'appele Judas. Il est mort hier à cause de toi. Il a trop cru en dieu. Sa lui a pas réussi* » (orthographe et syntaxe de l'auteur).

Figure 37 Guerilla Poubelle

https://www.youtube.com/watch?v=ghjTmdF-UXo

---

[79] https://fr.wikipedia.org/wiki/Guerilla_Poubelle

Rap

Хаски Иуда L'Évangile selon Husky, 2018

Figure 38 Evangile du Chien   *Figure 39 Хаски Иуда, 2018*

« Dmitry Nikolayevich Kuznetsov, mieux connu sous son nom de scène Хаски Husky, est un rappeur russe d'Oulan-Oude. Sa musique est connue pour son lyrisme sombre et évocateur, ses schémas de rimes complexes et ses techniques musicales comme l'assonance et l'allitération [80] ». « Иуда (Judas) est le premier et le seul single de l'album détruit *L'Évangile selon Husky* [Хаски] , sorti le 18 avril 2018. Le 17 novembre 2018, le clip "Judas" a été bloqué sur YouTube à la demande de l'Etat russe [81] en raison de la prétendue propagande de la distribution de drogues et de leur utilisation. [82] »

---

[80] WIKIPEDIA https://en.wikipedia.org/wiki/Husky_(rapper)
[81] https://daily.afisha.ru/news/21672-klip-haski-iuda-zablokirovali-v-rossii-po-trebovaniyu-gosorganov/?utm_source=afishatw&utm_medium=social
[82] GENIUS https://genius.com/Husky-judas-lyrics

Clip officiel non censuré (9 m vues à date) :
https://www.youtube.com/watch?v=0e9JgyzCIBc
Clip moquant la censure du clip :
https://www.youtube.com/watch?v=MpPsry1BTMA
Paroles en russe et français :
https://genius.com/Husky-judas-lyrics
https://www.youtube.com/watch?v=bnz0E3aelUM

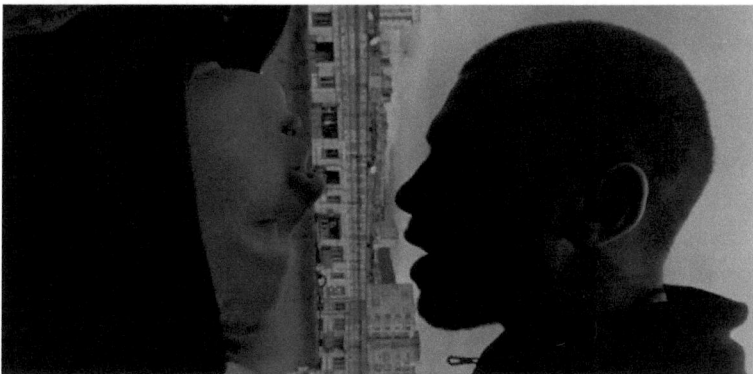

Figure 40 Image du clip de Хаски Иуда, 2018

Rock

U2, Achtung Baby, 1991

Achtung Baby, album studio, fut un hit [83]. BONO déclara avoir été inspiré, en particulier pour la chanson *Until the End of the World* https://www.youtube.com/watch?v=ekEhwwudVRA : « In the garden, I played the tart. I kissed your lips and broke your heart. You, you were acting as if it was the end of the world. Love, love, love, love, love … » (Dans le jardin, j'ai fait le fou / je me suis prostitué). J'ai embrassé tes lèvres et brisé ton cœur. Toi, tu faisais comme si c'était la fin du monde. Amour, amour, amour, amour, amour), "Bono s'exclame souvent au début de ses concerts : « Jésus, voici Judas ! [84] », ce qui explicite, le sens déjà évident de la référence au baiser de Judas. Bono a déclaré avoir été impressionné et inspiré par le poème épique *The book of Judas* de son compatriote irlandais Brendan KENNELLY publié également en 1991 [85] *cf. t. IV v.2 p. 252*

Figure 41 U2, Achtung Baby, 1991

---

[83] https://fr.wikipedia.org/wiki/Achtung_Baby
[84] http://explainu2.blogspot.com/2011/06/in-garden-i-was-playing-tart.html
[85] https://wfupress.wfu.edu/brendan-kennelly/u2-brendan-kennellys-number-one-fans/

The Verve, Judas, 2008

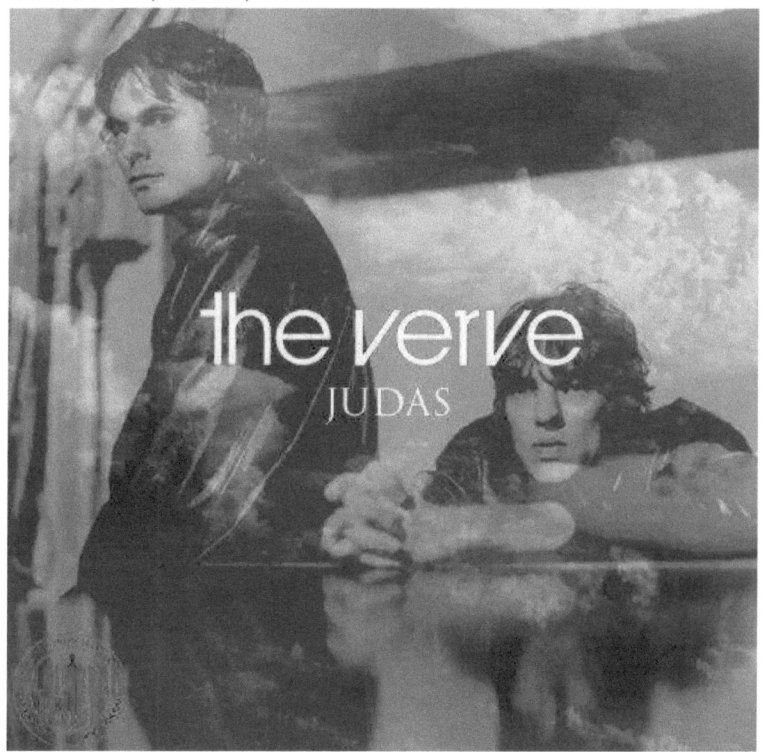

Figure 42 The Verve, Judas, 2008

Morceau de l'album Forth par le groupe de rock anglais [86] :
[...] New York, I was Judas / She said 'A latte, double shot for Judas' / Cry for the things that happen [...]

https://www.youtube.com/watch?v=L6T8TyqnXyc

---

[86] https://fr.wikipedia.org/wiki/The_Verve

Walk the Moon, Iscariot, 2012

Figure 43 Walk the Moon

Composition de l'album *Walk the moon* du groupe éponyme de rock américain [87] la chanson Iscariot fait de Judas « un frère » : « [...] Iscariot, you all what we do [...] Coming my friend, you know you had it [...] [88]"

https://www.youtube.com/watch?v=i8ba1CT4GoA

---

[87] https://fr.wikipedia.org/wiki/Walk_the_Moon
[88] https://musescore.com/user/33423771/scores/7005858

Pinoy (musique philippine)

Judas basted, Musique Pinoy (philippine), compilation

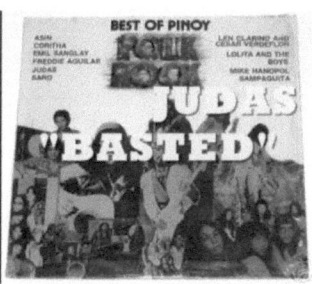

Figure 44 Pinoy, Judas basted

https://www.youtube.com/watch?v=Iaf1HMNpRrY

JUDAS Kapuspalad, 2019

https://www.youtube.com/watch?v=cRHdhgqOP_g

Variété

Suzy SOLIDOR, Judas, 1952

Célébre, en son temps, chansonnière lesbienne, condamnée pour collaboration [89], Susy SOLIDOR (1900-1983) dénonce l'amant(e) infidèle : « Tu m'as menti plus que personne / Je te pardonne / Je te pardonne ... » dans la chanson « Judas » de l'album Escale. Ernest (de) GENGENBACH rêva de faire incarne la prêtresse luciférienne de son film Judas par cette chanteuse [STENER Christophe, Ernest (de) GENGENBACH, Sa vie, Tome I, vol.2].

Figure 45 Susy SOLIDOR, Judas, VEGA, 1952

https://www.youtube.com/watch?v=fSRNb-TwNeY

---

[89] https://fr.wikipedia.org/wiki/Suzy_Solidor

Léo FERRÉ, Paris Canaille, 1953

Figure 46 Léo FERRE, Paris canaille

Judas est l'une des chansons de *Paris canaille,* premier album studio de Léo FERRÉ, chanson de sa composition. Paroles :

Je t'en veux pas mon vieil Iscariote / Tu m'as donné pour quelques ronds /
Tes embrassades et caetera / [...] Mais une autre fois vas-y franco /

C'est pas que je râle, pour ce que je t'en dis / T'as pas pensé à mon standing /
Tu t'es gouré, et c'est tant pis / La prochaine fois ne l'oublie pas /
Mon vieux copain, mon vieux Judas / J'valais beaucoup plus cher que ça.

https://www.youtube.com/watch?v=HuKO2WprW3U&list=PLvkQEwWqkLhzHlBYXK1GVb5jLi4gieFVK&index=154

Lucienne DELYLE, Judas, 1953

Judas, adaptation française par Fernand BONIFAY, musique de Giuseppe fucilli, 1953 chantée par Lucienne DELYLE (1913-1962)

« Tu m'as menti et trompé plus que personne. Je te pardonne, je te pardonne… »

Figure 47 Lucienne Delyle, Judas

♪ « Judas, tout comme Judas, tu as vécu près de moi en cachant/au fond de toi la trahison et la haine/ Baisers, baisers de Judas/Ta lèvre donne un frisson dissimulant le poison/ Poison dont ton âme est pleine. » ♪

https://www.youtube.com/watch?v=oE05PfFj054

Serge REGGIANI, Balade pour un traitre, 1973

Sur les amours malheureux de Judas avec Marie Madeleine « une putain » responsable de la mort du « Pauvre Judas, qui tendait les mains. Judas le mendiant... », une transposition fort hétérodoxe des évangiles écrite (1968) par Maxime LE FORESTIER [90] et interprétée par Serge REGGIANI.

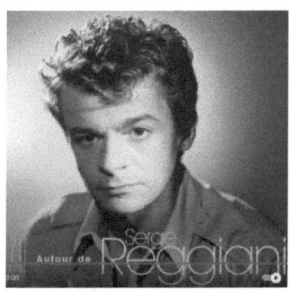
Figure 48 Serge REGGIANI

Qui donc t'a fait reprendre les routes de Judée ?
Judas qui ne jurait que par les filles tendres, que par les filles tendres
Qui donc a fait descendre de Nazareth un soir ?
Une juive aux yeux noirs, cheveux de palissandre
Cheveux de palissandre
Son corps était à prendre pour quelques pièces d'or
Toi, tu couchais dehors où tu pouvais t'étendre
Quand tu pouvais t'étendre
Pauvre Judas qui tendait les mains
Judas le mendiant, Judas les mains vides
Qui t'a rappelé tous les parricides
Qui se sont commis pour quelques putains
Tu es allé surprendre au Mont des Oliviers le seul bien d'amitié
Qu'il te restait à vendre, qu'il te restait à vendre
L'avais-tu fait attendre ? Enfin, elle est partie en laissant dans

---
[90] https://mytaratata.com/artistes/maxime-le-forestier

son lit
La corde pour te pendre, la corde pour te pendre.
https://www.youtube.com/watch?v=U5jcLP02vC8

Maxime LE FORESTIER, Balade pour un traitre, 1973

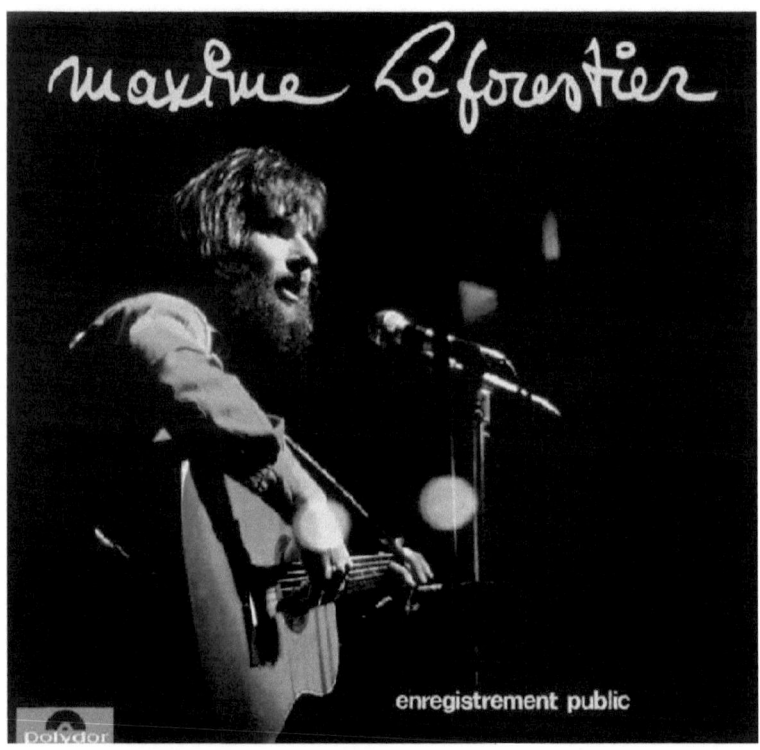

Interprétation par le compositeur à l'Olympia en 1973 :

https://www.youtube.com/watch?v=mFOKX6R4SlM&list=PLvkQEwWqkLhzHlBYXK1GVb5jLi4gieFVK&index=155

Charles AZNAVOUR, Mon ami Judas, 1980

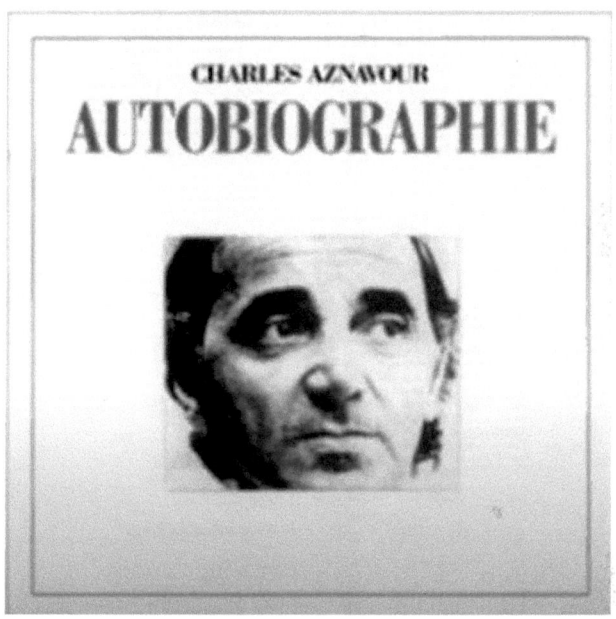

Figure 49 Charles Aznavour, Mon ami Judas, 1980

Chanson composé et interprété par Charles AZNAVOUR (1924-2018), *Mon Ami Mon Judas,* un des titres de l'album studio Autobiographie (1980), un titre sans contenu religieux, dénonçant un traître dont il a eu à souffrir.

Il n'est jamais aisé de juger sur la mine
Nous ne choisissons pas, on est choisi par eux
Qui se font une tête d'imbécile heureux
Et nous donnent le change en mettant la sourdine
Toujours là, toujours prêts, disponibles et
serviables

Nageant comme un poisson dans la compromission
Un sourire accroché à cet air voulu con
Qui cache adroitement un autre air implacable
Mon ami, mon Judas
Joue le jeu ne te gêne pas
Courtise-moi, fais des courbettes
Jure que tu es mon ami
Dévoué, sincère et honnête
Que c'est à la mort, à la vie
Fais-toi tout humble et tout sourire
Dis-moi que j'ai un charme fou
Que j'ai de la classe et du goût
Et passe la brosse à reluire
Ça ne te coûte pas un sou
Nous facilitant tout, nous évitant les drames
Ils sont pour nous aider prêts à n'importe quoi
Même complaisamment à nous border parfois
S'ils nous trouvent au lit couché avec leur femme
Prêts à veiller la nuit, prêts à danser la gigue
Pour mieux nous amuser, prêts à se mettre nus
Acceptant s'il le faut le coup de pied au cul
Se baissant gentiment pour pas qu'on se fatigue
Mon ami, mon Judas
Prends le physique de l'emploi
Flatte-moi de mon élégance
Dis-moi que je suis bon et beau
D'une étonnante intelligence
Que je choisis bien mon bordeaux
Mange mon caviar à la louche
Fume mes havanes au kilo
Et tapi derrière mon dos

Pense aux ristournes que tu touches
Et au prix de l'or en lingot
Mon ami, mon Judas
Dans l'ombre joue avec ta proie
Tire adroitement les ficelles
Tu n'es pas bouffon tu es roi
Je ne suis que polichinelle
Doux rêveur et tête de bois
Cher profiteur et parasite
Lorsque mon temps sera passé
Le citron mille fois pressé
Vends-moi, trahis-moi au plus vite
Et va-t'en compter tes deniers
Mon ami, mon Judas
Fais ton métier, crucifie-moi
https://www.youtube.com/watch?v=p_nWIDGiS4I
https://www.youtube.com/watch?v=ziuCe0m3rBY

Concetta DI MARIA, Judas, 2004

Concetta di Maria chante *Qu'as-tu fait de notre amour ?* dans ce 45 tours *Judas* (1974) [91].

Figure 50 Concetta di Maria

https://www.youtube.com/watch?v=DVnaMVLRbvk

---

[91] http://www.encyclopedisque.fr/disque/4571.html

Table des illustrations

Figure 1 Judas, Passionsspiel de Brixlegg, 1913, Collection de l'auteur 2

Figure 2 Sedulius cité au-dessus de Luc, fin VIe s, St Augustine Gospels, Parker Library MS 286 11

Figure 3 Sedulius, Carmen paschale, 860, © Musée Plantin-Moretus 12

Figure 4 Judas mercator pessimus 13

Figure 5 Tomás Luis de VICTORIA 14

Figure 6 GESUALDO, Judas mercator pessimus 16

Figure 7 BACH J.S., Passion selon S. Jean, Ouverture, manuscrit 1730 17

Figure 8 BACH J.S., Passion selon S. Matthieu, Ouverture, manuscrit 1736 17

Figure 9 PASOLINI, Il vangelo secundo Matteo, 1964, Judas . 21

Figure 10 Passion d'Höritz, 1912 22

Figure 11 BRIXI, Judas Iscarioth, Bonton Music a.s., 1996 22

Figure 12 Vahram SARKISSIAN, Mercator pessimus, partition 23

Figure 13 Théodore BOTREL, La terre nationale 24

Figure 14 Théodore Botrel, La terre nationale, Illustration de Lucien Emery, 1909, Gallica
https://gallica.bnf.fr/ark:/12148/btv1b550016812 24

Figure 16 Charles Aubert, Vos gueules eh Judas ! Musée de Bretagne 25

Figure 17 Jesus Christ Superstar, Jeff FENHOLT 26

Figure 18 Jésus Christ Superstar, 1971 27

Figure 19 Jesus Christ Superstar, The Concert, 2020 28

Figure 20 Jésus-Christ Superstar, 1972 28

Figure 21 Jésus, de Nazareth à Jérusalem, 2017 29
Figure 22 !HERO, Album, 2003 30
Figure 23 Tore Gedrem, Sex Judas, 2019 30
Figure 24 Judas Priest, Metal Gods 39
Figure 25 Osculum Infame, album Dor-nu-Fauglith,1997 42
Figure 26 Judas Iscariot, Heaven in flames, 1999 42
Figure 27 Tongueless Gof, Scariot 43
Figure 28 Fozzi, Judas, 2017 44
Figure 29 JC & the Judas 45
Figure 30 Bob DYLAN, God on their side, Album The Times they are a-changin', 1964 46
Figure 31 Bob DYLAN, Affiche du concert de 1963 49
Figure 32 DYLAN, John Wesley Harding, album, 1967 51
Figure 33 DYLAN, John Wesley Harding, album 53
Figure 34 Constance VERLUCA, Judas, 2007 54
Figure 35 Lady Gaga, Judas, 2011 55
Figure 36 Lady Gaga, Judas, 2011 55
Figure 37 Bad Gyak & Khea, Judas, 2021 56
Figure 38 Guerilla Poubelle 57
Figure 39 Evangile du Chien   Figure 40 Хаски Иуда, 2018 58
Figure 41 Image du clip de Хаски Иуда, 2018 59
Figure 42 U2, Achtung Baby, 1991 60
Figure 43 The Verve, Judas, 2008 61
Figure 44 Walk the Moon 62
Figure 45 Pinoy, Judas basted 63
Figure 46 Susy SOLIDOR, Judas, VEGA, 1952 64
Figure 47 Léo FERRE, Paris canaille 65
Figure 48 Lucienne Delyle, Judas 66
Figure 49 Serge REGGIANI 67
Figure 50 Charles Aznavour, Mon ami Judas, 1980 69

Figure 51 Concetta di Maria 71

Bibliographie

Dire et/ou maudire Dieu par la musique, Praising and/or Cursing God Through Music, sous la direction de BELLAVANCE Éric et VENKATESH Vivek, Théologiques Volume 26,(1), 2018, https://doi.org/10.7202/1062059ar & Erudit https://www.erudit.org/fr/revues/theologi/2018-v26-n1-theologi04756/1062059ar/

CHARRU, P. (2012), «Un théologien à l'écoute de la musique», Laval théologique et philosophique, 68, p. 311-318.

CLÉMENT Félix, Histoire de la musique depuis les temps anciens jusqu'à nos jours. Librairie Hachette, Paris 1885.

GRIESBECK Alfred pasteur, La valeur religieuse de la musique et sa place dans le culte, http://documents.irevues.inist.fr/bitstream/handle/2042/34083/ANM_1963-1964_131.pdf

LEGRAND, Raphaëlle. "LA PASSION SELON SAINT MATTHIEU DE J.-S. BACH : Le Jeu de La Forme et Du Sens." *Musurgia*, vol. 4, no. 1, Editions ESKA, 1997, pp. 6–24, http://www.jstor.org/stable/40591071

SUTTER Jacques. Musique et religion : l'emprise de l'esthétique. In: Archives de sciences sociales des religions, n°94, 1996. pp. 19-44. DOI : https://doi.org/10.3406/assr.1996.1026 www.persee.fr/doc/assr_0335-5985_1996_num_94_1_1026

VOUGA, F. (1983), Résonances théologiques de la musique. Bach, Beethoven, Stravinsky, Mozart, Verdi, Britten, Genève, Labor et Fides (L'Évangile dans la vie 9)

Sommaire

Introduction 3

Avertissement 8

Musique classique 10

    SEDULIUS, Carmen paschale 11

    Judas Mercator pessimus, chant grégorien 13

    VICTORIA, Judas mercator pessimus, 1585 14

    GESUALDO, Judas mercator pessimus, 1611 16

    Johan Sebastian BACH 17

        Passion selon S. Jean, Vendredi saint 1724, BMW 245 .. 18

        Passion selon S. Matthieu, Vendredi saint 1727, BMW 244 18

    Frantisek Xaver BRIXI, Judas Iscarioth, c. 1770 22

    Vahram SARKISSIAN, Mercator pessimus, 2017 23

Chant patriotique 24

    Théodore BOTREL 24

    Charles AUBERT 25

Comédies musicales 26

    Jesus Christ Superstar, 1971 26

    Jésus, de Nazareth à Jérusalem, 2017 29

    !Hero: The Rock Opera, 2004 29

Electronique 30

Tore Gjedrem, Sex Judas Sex Judas Go Down Judas, 2019 30
Metal 31
   Introduction 31
   Metal chrétien 32
   Fratello Metallo 32
   Horde, 1994-2012 35
   Lordi, Hallelujah, 2006 36
   Messes metal 37
   Metal satanique 39
   Judas Priest, 1969 39
   39
   Helloween, Judas, 1986 39
   Iron Maiden, Judas Be My Guide, 1992 40
   Depeche Mode, Judas, 1993 41
   Osculum infame, 1997 42
   Judas Iscariot, 1999 42
   Scariot, Tongueless God, 2001 43
   Metallica, Judas kiss, 2008 43
   Kee MARCELLO, Judas Kiss, 2013 44
   Fozzi, Judas, 2017 44
      JC & the Judas, 2019 44
Pop 46
   Bob DYLAN 46

With God on their Side, 1963 46
The Ballad of Frankie Lee and Judas Priest, 1967 50
Constance VERLUCA, Judas, 2007 54
Lady Gaga, Judas, 2011 55
.... 55
Bad Gyak & Khea, Judas, 2021 56
Figure 37 Bad Gyak & Khea, Judas, 2021 56

Punk 57
Guerilla Poubelle, Mon rat s'appelle Judas, 2003 57

Rap 58
Хаски Иуда L'Évangile selon Husky, 2018 58

Rock 60
U2, Achtung Baby, 1991 60
The Verve, Judas, 2008 61
Walk the Moon, Iscariot, 2012 62

Pinoy (musique philippine) 63
JUDAS Kapuspalad, 2019 63

Variété 64
Suzy SOLIDOR, Judas, 1952 64
Léo FERRÉ, Paris Canaille, 1953 65
Lucienne DELYLE, Judas, 1953 66
Serge REGGIANI, Balade pour un traitre, 1973 67
Maxime LE FORESTIER, Balade pour un traitre, 1973 68

Charles AZNAVOUR, Mon ami Judas, 1980 69

.... 69

Concetta DI MARIA, Judas, 2004 71

.... 71

Table des illustrations 72

Bibliographie 74

Sommaire 75

© 2022, Christophe STENER
Édition : BoD – Books on Demand, info@bod.fr
Impression : BoD – Books on Demand,
In de Tarpen 42, Norderstedt (Allemagne)
Impression à la demande
ISBN : 978-2-3224-3972-0
Dépôt légal : Juin 2022